Anselm Grün

Trésor de la sérénité

ABC de l'Art de Vivre

Avec les photographies de Micha Pawlitzki

Traduction par Martine Huguet

MÉDIASPAUL

La sérénité, n'est-ce pas ce à quoi chacun de nous aspire ? Cette attitude où l'agitation n'a pas de prise sur nous : c'est le fruit du détachement, de la liberté intérieure, quand nous sommes délivrés du stress de devoir faire tout à la perfection... Aller en réunion sans être écrasé par l'angoisse. Cesser de me préoccuper sur la façon dont le rendez-vous, la rencontre ou l'examen peuvent se dérouler. Lâcher prise, sans plus me demander comment les autres me perçoivent, comment faire tout sans faute ; lâcher prise, et se laisser conduire par ce qui advient.

Il s'agit pour moi d'être libre
dans le moment présent,
disponible pour ce qui se présente.

La disposition intérieure pour atteindre la sérénité, c'est le lâcher-prise. Les Sages de tous temps conseillent de se détacher des choses, de renoncer aux biens matériels, de ne plus s'inquiéter de l'avenir. Il s'agit aussi de lâcher mes problèmes de santé, de cesser d'être obnubilé par ma carrière et mon image… La sérénité s'obtient par un travail sur soi, et ce n'est pas si facile. Car lorsque nous essayons de nous détacher des choses, nous remarquons à quel point nous tenons à elles…

Sur quoi ai-je bâti mon existence ?
Sur des choses qui, finalement,
ne me portent pas ?

Pour désigner notre concept de sérénité, les Grecs de l'Antiquité employaient le terme *apatheia*, un « état d'âme » exempt de toute passion. Tout comme les Pères du désert, les Grecs savaient qu'il est impossible de supprimer ou de réprimer ses passions. Qu'il faut seulement ne pas se laisser dominer par elles, et tirer profit de la force qu'elles contiennent. L'homme serein s'est affranchi de l'emprise de ses besoins, de ses émotions et de ses passions. Il en prend simplement conscience, et il décide librement de ceux qu'il veut ou non satisfaire.

Quand je suis serein, je suis sensible aux émotions,
mais elles ne me conditionnent pas.
J'utilise mes passions, mais ne me laisse pas dominer par elles.

Lutter continuellement contre ses passions, c'est tomber dans une obsession qui empêche de s'en libérer. Réprimer ses besoins, c'est en fait s'en préoccuper constamment. L'art de vivre consiste précisément à prendre conscience de ses passions, de ses besoins, de ses émotions, et de les laisser exister telles qu'elles sont, mais sans s'identifier à elles : être conscient de sa colère, mais ne pas y céder. « Je perçois l'angoisse qui monte en moi. Mais le point en moi, d'où j'observe cette angoisse, n'en est pas infecté. »

Il suffit de se dire :
« J'ai peur, mais je ne suis pas ma peur.
J'ai des problèmes, mais je ne suis pas mes problèmes. »

Les Romains désignaient l'état de sérénité sous le terme stoïque de *aequo animo*. Être serein, c'est agir en tout dans l'*égalité d'humeur*, dans cet équilibre de l'âme qui ne se laisse pas facilement ébranler. Ainsi Benoît de Nursie exige-t-il du cellérier, responsable de l'intendance d'un monastère, qu'il remplisse sa tâche « *d'une âme égale* » : qu'il garde son calme – ce qui est certes plus facile à dire qu'à faire, car cela requiert un détachement vis-à-vis des choses, de son orgueil, du besoin de se faire valoir, de sa susceptibilité.

Alors je ne me laisserai pas me décentrer.
En restant serein, je ne cède pas
aux turbulences extérieures.

Savoir lâcher prise pour trouver la sérénité véritable... Notre ego se mêle de tout : il n'est jamais au repos... Il veut toujours briller, toujours décider, toujours tout avoir ! C'est pourquoi il est si difficile de lâcher prise. Pourtant, il n'est pas question de briser cet ego, car sans lui, nous ne pouvons pas vivre. Mais il s'exprime dans toutes ces illusions que nous avons sur la vie et que nous nourrissons en nous : l'illusion de pouvoir tout maîtriser, d'être les meilleurs, de pouvoir réaliser tout ce que nous voulons...

Il faut, pour trouver la sérénité véritable,
lâcher son ego, avec son cortège d'illusions.
C'est ainsi que j'accède à la liberté intérieure.

Quand Jésus dit à ses disciples : « Si quelqu'un veut venir à ma suite, qu'il renonce à lui-même et prenne sa croix et qu'il me suive » (Mc 8, 34), il veut nous inviter à nous libérer de l'esclavage de l'ego. Beaucoup ont mal compris ces paroles, comme s'il fallait nous briser, nous ployer, nous dévaloriser nous-mêmes. Or le mot grec pour « se renoncer » signifie résister, dire non, se détacher : notre ego, qui cherche à tout accaparer, doit lâcher prise pour qu'enfin notre vraie nature puisse s'épanouir. Ainsi nous accéderons à la liberté intérieure pour accueillir l'image de Dieu en nous, unique et sans égale.

Nous avons besoin de prendre du recul vis-à-vis de notre ego
pour trouver notre véritable moi,
pour être en harmonie avec nous-mêmes.

Jésus donne encore une définition de la sérénité: « Qui veut sauver sa vie la perdra; mais qui perdra sa vie à cause de moi et de l'Évangile la sauvera » (Mc 8, 35). Celui qui s'agrippe à la vie est incapable d'en jouir vraiment: il doit s'acharner à conserver sa santé, ses biens, sa réussite. Il confond la vie et ce qu'il possède. Or que cherche la vie? La vie veut se répandre, la vie veut tout envahir. Et cela n'est possible que si nous nous laissons aller dans le flot de la vie. Pour l'homme de Nazareth, celui qui donne sa vie pour l'amour de l'Évangile la sauve.

Se sentir bien, unifié, réussir sa vie:
ce que permet le renoncement à nos idées préconçues,
pour dire oui à la vie,
pour dire oui à la bonne nouvelle de l'Évangile.

On dit parfois : « Je m'en remets à Dieu », exprimant ainsi que nous nous abandonnons, que nous nous détachons de nous-mêmes, pour faire confiance à Dieu, lui qui nous donne le soutien véritable et la vraie Vie. Je cesse de me cramponner aux choses de la vie. Je décide de « sortir » de moi-même. Je peux me défaire de moi-même parce que Dieu ne m'abandonnera jamais, parce qu'il me porte, me soutient. S'en remettre à quelqu'un, c'est lui faire confiance : cela n'est possible qu'en lâchant nos doutes et notre méfiance.

Compter sur Dieu ?
On ne peut s'en remettre à Dieu qu'en abandonnant
toutes ces idées sur nous-mêmes.
Alors, nous découvrons ce qu'est la sérénité.

Lorsqu'un enfant se sent abandonné par ses parents, il en ressent une profonde blessure. Toute séparation lui fait peur. Quand on a vécu cela, comment peut-on trouver la sérénité ? Être abandonné par quelqu'un, cela fait mal. Mais abandonner notre ego, cela rend libre. L'art de vivre consisterait même à savoir abandonner ses blessures : on n'y parvient qu'en ayant la certitude que Dieu est là, qu'il est toujours possible de s'appuyer sur lui. Et il faut de la confiance pour quitter son ego, avec toutes ses opinions et ses jugements, mais sans jamais se défaire de son être véritable.

Je ne me laisse pas « tomber ».
Je peux compter sur moi,
ce noyau au plus profond de moi-même
qui n'est ni blessé ni altéré.

« Elle nous quitte pour toujours. » C'est ce que nous disons d'une personne qui meurt. Le détachement, c'est toujours une sorte de mort à son ancienne identité, celle qui nous définit par rapport au monde, à ce que l'on sait faire, à sa réussite, à sa santé. C'est mourir au monde et à ses catégories. Je me quitte, pour trouver mon véritable moi. La mort tend toujours vers la résurrection : elle est au service d'une vie plus intense. Dans la mort, ma carapace se brise et dévoile l'image inaltérée, intacte, originelle de Dieu en moi.

**Mourir à soi-même, c'est pour vivre vraiment.
En se détachant des choses et de nos carapaces,
on découvre qui on est en vérité.**

Pour Maître Eckhart, il faudrait même nous détacher de Dieu, pour abandonner les images que nous avons de lui. Comme nous nous sommes fait des illusions sur nous-mêmes, nous nous sommes fait des illusions sur Dieu, qui nous sont utiles pour aller bien, pour nous sentir supérieurs aux autres, ou pour nous sentir en sécurité. Pour ce grand mystique, la sérénité est cet état où nous nous sommes débarrassés de toutes nos images de Dieu afin qu'il puisse nous apparaître tel qu'il est. Lui, le Dieu dont nous ne pouvons disposer, qui se dérobe à notre emprise et qui dépasse notre entendement.

Comment rencontrer le Dieu Tout-Autre et Insaisissable, capable de répondre pleinement à nos aspirations ? En abandonnant les représentations que nous avons de lui.

Il faut du temps pour faire sereinement les choses. La sérénité a besoin de temps. Elle ne supporte pas la précipitation. Il faut du temps pour s'engager dans un dialogue ou une rencontre. Se donner du temps, c'est tout le contraire de ne pas perdre de temps, c'est refuser de se soumettre à la pression. C'est sortir de son emprise, prendre conscience du temps qui s'écoule, le savourer. Le temps nous est offert. Il n'y a qu'à renoncer à tout régler à la minute.

Goûter le temps qui passe.
C'est un cadeau qui n'appartient qu'à Dieu et à moi,
pendant lequel je m'appartiens.

Être serein, c'est reposer en son cœur profond. Souvent, nous nous laissons arracher à ce centre de notre être : nous nous irritons pour de petites choses sans importance, nous sommes distraits, tout occupés des autres, et nous les laissons nous déterminer. Être serein, c'est aussi regarder les autres sans les juger, les laisser être tels qu'ils sont, et même se réjouir de leur différence. Ce point d'ancrage, en nous, permet de rester nous-mêmes, de ne pas céder aux pressions, ni d'être tiraillés par les avis, les attentes et les jugements d'autrui.

Il faut de la sérénité pour découvrir son moi profond,
où nous pouvons nous recentrer,
nous trouver nous-mêmes,
loin de toute pression extérieure.

Être serein signifie se libérer des attentes et des exigences que nous nous imposons nous-mêmes. Beaucoup de gens sont toujours sous pression ; ils se soumettent en tout à un stress continuel, ils se comparent aux autres ou ne savent pas vivre l'instant présent, préoccupés de ce qu'on peut bien penser d'eux. Ils sont incapables d'être pleinement à ce qu'ils font, tant ils mêlent à leurs tâches des pensées parallèles. Non contents de travailler, ils veulent aussi faire leurs preuves, surpasser les autres. Il leur est ainsi difficile d'accomplir sereinement ce qu'ils ont pris en main.

Libérés des pensées de jugement,
nous apprenons à avoir confiance en nous et en les autres.
Être en soi, autonome, serein.

Rayonner la persévérance et la fermeté est un gage de sérénité. Une personne sereine ne perd pas facilement son calme, ne se laisse pas influencer quand elle a une vue claire sur les choses, mais son point de vue n'est ni rigide, ni immuable : elle n'a rien d'un pilier de béton, elle est comme un arbre agité par le vent, mais bien enraciné. Devant un vieil arbre aux puissantes racines, je ressens sa force, je conçois ce qu'est la sérénité. Au gré des bons et des mauvais jours, l'arbre continue de grandir, même si les éléments se déchaînent autour de lui.

Quand on a de bonnes racines,
on repose en soi-même,
on est capable de sérénité.

Pour l'Apôtre Paul, ce qui fonde l'attitude de sérénité, c'est que « la forme de ce monde passe ». Les hommes doivent donc se comporter ainsi : « Que ceux qui pleurent soient comme s'ils ne pleuraient pas, ceux qui se réjouissent comme s'ils ne se réjouissaient pas, ceux qui achètent comme s'ils ne possédaient pas » (1 Cor 7, 30s). Soyons conscients de la relativité de ce que nous vivons. Si quelqu'un nous blesse, cela nous fait pleurer, mais sachons aussi que ce n'est pas là l'ultime réalité. De même, certaines choses nous sont nécessaires pour vivre ; mais nous ne pouvons construire notre identité sur elles.

La foi en l'éternité nous conduit
à une liberté intérieure qui nous serait précieuse aujourd'hui :
notre vie en serait plus simple et plus légère.

Les Sages de la Chine ancienne furent les premiers à prêcher la sérénité. Pour eux, l'essentiel surgit lorsque nous nous libérons de nos idées et de nos intentions. Ils sont en accord avec la vie. Ils servent la vie, afin qu'elle puisse s'épanouir selon le plan de Dieu. Ils renoncent à la soumettre à leur point de vue. Tchuan-tse dit des vieux Sages qui incarnaient la sérénité : « Ils prenaient toute chose comme elle venait. Pleins de joie, ils acceptaient la mort, et sans se lamenter, gagnaient l'autre rive. »

Tous les Sages de toutes les religions
sont d'accord sur ce point : vivre dans la sérénité,
c'est aborder tout ce qui vient à nous
dans une harmonie intérieure.

Beaucoup n'ont de cesse de tout devoir changer. Ils n'ont pas bonne opinion d'eux-mêmes. Pour être acceptés, disent-ils, il leur faudrait changer. Et puis, le monde n'est pas bon. Il doit changer. L'homme serein tient un autre langage : laisse les choses être telles qu'elles sont ; accepte-les ; médite-les et médite sur toi ; ainsi, traite-les avec précaution et tu pourras leur donner forme. Prends ta vie telle qu'elle est, accepte-toi tel que tu es. Aie confiance en Dieu qui nous a créés bons. Nous avons à faire grandir en nous la forme originelle que Dieu nous a donnée pour devenir toujours plus ce que nous sommes, fondamentalement.

« Je ne dois pas constamment changer des choses en moi. »
Nous avons beaucoup de bon en nous,
qui ne demande qu'à surgir et à se développer.
C'est le secret de la paix intérieure.

Exerce-toi à la sérénité : contente-toi de contempler ce que tu vois : réjouis-toi de ce qui existe et tente de ressentir ce que te disent les choses ; regarde le paysage sans vouloir le photographier ou le transformer ; prends conscience de ce qui est autour de toi et laisse la réalité telle qu'elle est. Alors tu ressentiras une profonde paix intérieure ; tu reconnaîtras la beauté en toutes choses ; tu découvriras le lien secret qui les unit. Et tu seras serein, libéré du stress de devoir tout changer à ton idée.

Abandonne tes représentations.
Ouvre-toi au monde. Laisse les choses éclore.
Et la sérénité te comblera de grâces.

Imagine ton ami ou ton ennemi tel qu'il est, et renonce à vouloir le transformer ; regarde-le, simplement, et médite sur lui en te disant : « Il est comme ça – Elle est comme ça. »… Au bout d'un certain temps, l'envie de le remodeler à ta façon tombera. Tes attentes impatientes à son égard disparaîtront. Les autres ont le droit d'être tels qu'ils sont. Il est bon qu'ils soient eux-mêmes. Les considérer avec sérénité permet de découvrir leur potentiel de force, de sagesse, d'aspirations et d'amour.

Ainsi une âme sereine permet-elle d'aborder les autres
sans préjugés, gratuitement, avec amour et justesse.
Et cela porte ses fruits.

Le plus difficile, c'est de se détacher de soi-même. Il faut bien dire que notre ego veut se mêler de tout… Quand je parle, mon ego m'empêche de dire ce qui monte de mon cœur, ce qui fait que souvent, je parle pour obtenir quelque chose, pour me faire remarquer, pour répondre à des attentes. Tandis que la sérénité laisse de l'espace à ma réalité profonde. Elle laisse régner la vérité. Quand mon esprit est serein, je permets aux choses d'exister, simplement. Sans vouloir les plier à ma propre vision de la réalité. Faire lâcher prise à l'ego en pensée, en parole et par action, est un devoir constant.

Quand j'arrive à maîtriser mon ego,
j'accède peu à peu à la sérénité,
qui est source de Paix, de Liberté et d'Amour.

Dans la collection ABC DE L'ART DE VIVRE, par Anselm Grün :

- Merci !
- La joie de la rencontre
- Le bonheur d'aimer
- La douceur d'un cœur attentif

Édition originale : Das Glück der Gelassenheit

Médiaspaul Éditions, 48 rue du Four, 75006 Paris
ISBN 978-2-7122-1046-5
editions@mediaspaul.fr

Pour le Canada :

Médiaspaul, 3965, boulevard Henri Bourassa-Est, Montréal, QC H1H 1L1

Imprimé en France par Pollina - n°45812A